Der alltägliche Wirsing

Bibliografische Information der Deutschen Nationalbibliothek:
Die Deutsche Nationalbibliothek verzeichnet diese Publikation
in der Deutschen Nationalbibliografie; detaillierte
bibliografische Daten sind im Internet über http://dnb.dnb.de
abrufbar.

Herstellung und Verlag: BoD - Books on Demand, Norderstedt
ISBN: **9783756851669**

Inhalt

Vorwort

Warum ich schreibe

Es brodelt, wenn mich der Hafer sticht,
weil um mich herum der Wahnsinn ausbricht,
weil irgendein borstiger Bösewicht
der Würde des Menschen ins Gesicht
spuckt. Und er bereut es nicht.

Dann wächst in meinem Hirn ein Groll-Gedicht,
in meinem Verstand ruft die Feder-Pflicht,
mein Kopf gibt mir gnadenlos grünes Licht.
Ich ziehe mit Stift und Papier vor Gericht,
gleich morgens, sobald der Tag anbricht.

Mich überrascht dabei eine Heiterkeit,
ich bin zu jeder Worttat bereit.
Trotz allem Irrsinn hier und weltweit
füllt sich der Becher mit Gelassenheit.

Zuweilen und zu jeder Jahreszeit
krabbelt aus meiner Hirnrindenschicht,
auch ohne Wahn und Armherzigkeit,
ein geschwätziges Gut-Gelaunt-Gedicht.

I. Sie fielen ins Digital

Wenn wir bedenken, dass wir alle verrückt sind, ist das Leben erklärt.

Mark Twain

14

Das Dilemma der Evolution

Der Ur-Mensch hat auf den Bäumen gehockt
und die Ur-Menschin hockte daneben.
Die Hitze hat sie vom Ast gelockt,
sie mussten sich langsam erheben.

Sie übten sich im aufrechten Gang
und streiften durch die Savanne.
Der Ur-Mensch ging auf Raubtierfang,
die Beute flog in die Pfanne.

Die hatten sie allerdings noch nicht,
doch sie konnten schon Feuer entzünden.
Das brachte wohlige Wärme und Licht
und den Wunsch, die Currywurst zu erfinden.

McDonald's war noch nicht in Sicht
und Lieferando ebenso wenig.
Mit Genuss verspeisten sie das gegrillte Gericht,
denn das Fleisch war nicht mehr so sehnig.

Sie wurden mobiler und mobilisiert
dank Adidas und Autos aus Stahl.
Erhobenen Hauptes sind sie stolziert
und stürzten ins Digital.

Der Jetzt-Mensch hockt auf dem Sofa rum
und die Jetzt-Menschin hockt daneben.
Sie sitzen beide stillschweigend stumm,
weil ihre Augen auf dem Display kleben.

Sie hocken im Haus und auf dem Balkon
und hocken meist stundenlang,
gebeugt über IPad und Mobil Phone.

Wozu diente nochmal der aufrechte Gang?

Nomophobie*

Immer online, ständig verbunden
auf Reisen, auf Gleisen,
auch zu nächtlichen Stunden.
Im Auto, im Bus,
beim Picknick am Fluss,
in der Stadt, auf dem Land,
im Bistro am Strand,
im Hotel am Hafen,
beim Duschen, beim Schlafen,
im Büro, auf dem Klo,
im Sessel, im Bett,
im Theater, Ballett,
Konzert oder Kino,
Bordell und Casino.

Und plötzlich kein Empfang!
Offline!
Wie lang?
Abgetrennt.
Für einen Moment
ohne Sein.
Schweiß auf der Stirn.
Heiß im Gehirn.
Herzrasen und Zittern,
kein Posten, kein Twittern.
Nicht zu erreichen.
Kein Lebenszeichen.
Kein Klingelton,
Adrenalin-Explosion.

Diagnose:
Normal-Neurose.

* *No-Mobile-Phone-Phobia, die Angst, ohne Mobiltelefon
unerreichbar zu sein.*

Erfolgsrezept

Einst hat Adam auf dem Baum gehockt
und Eva hockte daneben.
Sie hat ihn von seinem Ast gelockt,
denn sie wollte mal was erleben.

Doch Kinos, Kneipen, alles dicht,
Lockdown im Garten Eden.
RTL und die Bild hatten sie nicht
und auch sonst kein Thema zum Reden.

Drum haben sie Kain und Abel gezeugt,
aber die Sache ging voll daneben.
Kain hat sich mit der Axt über Abel gebeugt
und verabschiedete ihn aus dem Leben.

Und die Eltern sich aus dem Paradies,
denn sie galten als Bösewichte,
weil ihr Vitaminkonsum auf Ablehnung stieß,
schrieben sie Menschheitsgeschichte.

Und Eva in ihren Memoiren:
Das Dschungelcamp war mein Zuhaus.
Und vor ungefähr 7000 Jahren
löste ein Apple-Produkt den Sündenfall aus.

Erfolgreich wirbt der IT-Gigant:
Seit Adam und Eva weltweit bekannt.

Hymne an heute

Die Welt ist rund,
man sieht's an allen Ecken.
An Hightech kann man nicht verrecken
und Online-Shopping ist nicht ungesund.

Der Mensch ist rund,
man sieht's an abgefüllten Adipöschen.
Nur Models mümmeln wie Mimöschen
sich runter bis auf 30 Pfund.

Der Mensch ist frei,
zu chatten, chillen und zu prassen,
stets hoch das Haupt und höher noch die Tassen.
Nur Mega-Partys machen high.

Die Welt ist rund,
man sieht's an allen Ecken.
Der Globus schwitzt kurz vorm Verrecken
und nur der Eisbär sorgt sich Stund' um Stund'.

Das Ende der Silicon Rallye

Wollt ihr die Welt, wo die Neuronen glüh'n
in künstlich neuronalen Netzen?
Wo Hightech-Gurus stolz und kühn
dem Menschen Microchips einsetzen?

Wollt ihr die Welt, wo die Ideen blüh'n,
den Menschen mit Computern zu vernetzen?
Wo Länder sich darum bemüh'n,
Kampfdrohnen gegen Zivilisten einzusetzen?

Wollt ihr die Welt, wo solche sich um andere müh'n,
die Effizienz mehr als die Menschenwürde schätzen,
die weder Charme noch Lebenslust versprüh'n,
weil sie als Roboter nur Menschliches ersetzen?

Ich will in dieser Welt nicht mal gedanklich bleiben,
beginne schon mich geistig zu zersetzen.
Ich wollte gerne schillernd schreiben
und reim' nur noch auf -ühen und auf -etzen.

P.S. Wer füttert das System mit Daten?
Wer legt den Wertmaßstab fest?
Wann schreiten wir zu solchen Taten,
wo man die Zukunft den Poeten überlässt?

Die drei Grazien

Ein lediger Lord aus Limerick
verlor sein Herz auf den ersten Klick
an eine diskrete Dame.
Alexa war ihr Name.
Er schoss sich aus Herzschmerz ins Genick.

Ein Göttergatte aus Ghana
flirtet gern mit *Cortana*.
Seine Frau hat genug,
sie spricht von Betrug.
Jetzt raucht er aus Frust Marihuana.

Ein Witwer aus Salzgitter,
so las ich neulich auf Twitter,
verliebte sich in *Siri*,
er machte Harakiri
nach dem achten Magenbitter.

Ein Computerfreak aus Kamen
benutzt stets alle drei Damen.
Er findet das praktisch,
denn sie sind faktisch
nichts weiter als Software-Namen.

Konfektionsgröße

Olaf ist Otto Normalverbraucher,
Frauenverführer und Risikoraucher.
Fatal.

Er trainiert zweimal pro Woche sein Frischfleisch fitter,
tweetet täglich Triviales auf Twitter.
Global.

Trinkt zu Stullen mit wechselndem Wurstbelag
sieben Tassen Cappuccino pro Tag.
Maximal.

Liebt Dosenbier bei der Tagesschau
und mit vierzig Jahren die vierte Frau.
Horizontal.

Spielt weder Cello noch Cembalo,
arbeitet acht Stunden pro Tag im Büro.
Digital.

Hat Parodontose und Panikattacken,
Schulterschmerzen und Smartphone-Nacken.
Zervikal.

Trägt Socken, Shirts und Shorts von Bon Prix,
fährt den SUV Diesel Ford Galaxy.
Feudal.

Nennt namentlich alle Spieler der Bundesliga,
kennt weder Rilke, Rembrandt noch Riga.
Egal.

Reist all inclusive und just for fun
zur Costa Brava mit Neckermann.
Saisonal.

Steht oft an Sonn- und Feiertagen
im Stau samt Frau und brüllenden Blagen.
Mit ihren und seinen,
dem gemeinsamen Kleinen
zum Bummel-Rummel ins Legoland,
sechs Selfies mit Softeis in Kinderhand.
Phänomenal.

Final.
Nach siebzig Jahren Normalverbrauch
stirbt er.
Bach, Goethe und Kant starben auch.

II. Nirgendwo ist mehr Wunderland

Inzwischen wissen wir, was uns noch blüht - nämlich immer weniger.

Gerhard Uhlenbruck

Überall und Nirgendwo

Überall ist Wunderland
laut Ringelnatz und Neckermann.
Überall liegt einer am Strand,
rund 11 Millionen in Cannes.

Überall lockt Badespaß
im türkisfarben-glitzernden Meer.
Überall treibt Flaschenglas
neben tonnenweise Plastik umher.

Überall lauert Köstliches,
Bouillabaisse, Risotto, Ragout.
Man serviert jetzt auch Fernöstliches
mit Dosenbier und Pommes dazu.

Nirgendwo ist mehr Wunderland.
Auch der Wald stirbt in einem fort.
Das letzte „Wunderland", das man auf Erden fand,
war die Dönerbud in Bottrop-Nord.

Lamento in w-moll

Der Westerwald heißt nur noch Wester.
Der Borkenkäfer macht die Fichte
zunichte.
Auch Buche und Eiche
liegen als Leiche.
Zehn Bäume machen keinen Wald.
Die Kleiber hocken seit Silvester
ohne Nester
auf dem Asphalt.

Eine hübsche kleine Meise
hüpfte auf der Suche
nach der Buche
auf die Gleise.
Ein Eurocity
macht Graffiti
aus der Meise
auf dem Gleise.
Auf dieselbe Art und Weise
stirbt ein Specht
bei Dillbrecht.

Sommer der Superlative

2021

Ich bin so heiter heut' erwacht,
der Regen ist verreist.
Drum habe ich gleich früh um acht
ein Himbereis verspeist.

Der Regen ist zum Ostseestrand,
jetzt schüttet's über Rügen.
Mein Regenschirm find's allerhand,
ich tanze vor Vergnügen.

Ich bin so leicht betrübt erwacht,
der Regen ist zurück.
Er hat uns Hagel mitgebracht
und wirft ihn auf Köln-Brück.

Der knallt wie Tennisbälle,
in Kölle wie Kamelle
auf Autos, Dächer, Straßen,
Frisuren, die gut saßen.

„Alaaf" jubeln die Jecken.
„Ach du liebe Güte!"
schreien vor lauter Schrecken
Damen ohne Hüte.

Sonne ist ein frommer
Wunsch in diesem Sommer.
Es schüttet wie aus Kannen,
Eimern, Kübeln, Wannen.
Vielleicht wird's morgen besser
oder noch viel nässer.

Wer weiß…
Der Tee schmeckt immer heiß.

Schlechtes Wetter ist verpönt.
Jeder meckert, jammert, stöhnt.
Der Tag komplett vermasselt,
denn es prasselt
immer.

Schlammlawinen an der Ahr.
Viele Särge vorm Altar.

GRAUENVOLL und SCHLIMMER.

2022

Wenn die Thermometer kräftig klettern
und vom Himmel hoch kein Tropfen fällt,
hör ich Blumen weinen, wettern,
brennen Wälder, Wiesen, Feld.

Bäche, Seen hör ich stöhnen,
Hitze schluckt ihr frisches Nass.
Manche preisen diesen schönen
Sommer ohne Unterlass.

Costa Brava in Schweden!
Wüste für jeden!
Antarktis wieder tropisch!

Abkühlung utopisch?

Was für eine Frage?
Mein SUV hat schließlich Klimaanlage.

Ausgebucht

Buchen sollst du suchen
bei Gewitter.
Erstmal finden,
denn sie schwinden.
Das ist bitter.

Hitzewelle, Trockenheit
rauben ihr das Blätterkleid.
Aktuell
viel zu früh und viel zu schnell.
Borkenkäfer, Pilzbefall,
todgeweihte überall.
Viele sind bereits verblichen,
jetzt heißt's sprachlich angeglichen:

Buchen musst (nicht sollst) du suchen.

Pechvögel

Es steht auf dem Großglockner
ein kleiner Wäschetrockner
für die verschwitzten Hemden
der örtlich fremden
Alpinisten.
Die der vermissten
sind längst trocken.

Die Kraxler kommen in Scharen.
Unerfahren.
Kürzlich stürzte einer vom Brocken.

Mondflucht

Meine Damen und Herren, würden Sie bitte Platz nehmen. Sie waren damit einverstanden, dass wir uns heute ein schwieriges Thema vornehmen. Wir haben genügend Beweise anzunehmen, der Mond würde nicht mehr zunehmen.

Aber er kann doch nicht nur noch abnehmen.
Wie kann er sich so etwas heraus nehmen?

Das dürfen wir auf keinen Fall hinnehmen.
Wir müssen etwas unternehmen.

Das sollten die Experten übernehmen.
Jeder sollte sich des Themas annehmen.

Man sollte ihn vom Himmel runter nehmen.
Und am besten auseinander nehmen.

Oder ihn gefangen nehmen.
Und sofort vernehmen.

Man sollte ihm das nicht übel nehmen.
Der will uns vielleicht nur hochnehmen.

Wir müssen die Sache ernst nehmen.
Er muss sich einfach nur benehmen.

Im gegenseitigen Einvernehmen beschlossen sie, nichts zu unternehmen.
Eines Tages konnte man den Mond nicht mehr wahrnehmen. Die Erdachse kam ins Schwanken. Ebbe und Flut gingen zurück, die Tage wurden kürzer und die Nächte blieb stockdunkel.
Überall konnte man laute Schreie vernehmen: Man hätte doch etwas unternehmen sollen!

III. Die Lage ist ernst, doch wir sind gescheiter

Sei du selbst die Veränderung, die du dir wünschst für diese Welt.

Mahatma Gandhi

Drei Ränge-Menu

Beim messerscharfen Wahlkrampf-Duell
Mark Knödel gegen die rheinische Printe
sprießt mitten im finalen Rüden-Gebell
die Bärlauchin wie eine Hyazinthe.

Die Aachener Printe wird Wahl-Kandidat,
der Knödel handelt mit Zitronen.
Alles in Butter im deutschen Spinat.
Gibt's statt Schwarzkraut im Herbst grüne Bohnen?

Es gewinnt der Hamburger ohne Toupet
mit gelb-grünem Obstgelee
statt roter Grütze zum Dessert.
Die große Portion will niemand mehr.

Lieben Sie Politiker auf Wahlplakaten?
Sie sind optisch stets sehr gut geraten.
Und sie schweigen
und zeigen ein freundliches Gesicht
voller Optimismus und Zuversicht.
Und sie strahlen
so kurz vor den Wahlen.
Besonders unter Laternen,
beinah mehr als am helllichten Tag.
Was ich an ihnen am meisten mag:
Sie sind so leicht zu entfernen.

Hommage an Karl Magerheld

Sehr geehrtes Publikum,
die Lage ist kritisch,
viral und politisch,
und wir sind so frei,
am 1. Mai,
nicht zu demonstrieren.

Wir pausieren
und präsentieren
auf dem Catwalk in Berlin an der Spree
den Corona-Look prêt à porter,
erstmalig im deutschen Bundestag
Mode, wie sie Magerheld mag,
Basic-Modelle für den Lockdown light,
neue Trends für die Après-Corona-Zeit,
stylische Stücke
für die Lockdown-Brücke,
Fashion for fun,
zum Dinner for one,
zum tea for two
und für jedes sonstige Rendez-vous.

1. Neu im aktuellen Herbstkatalog
ist der Anzug in Hanseatenblau,
die rote Krawatte zum Polit-Dialog,
selten mal grün oder grau.
Mit strahlend weißem Oberhemd
als Herren-Klassiker stets dezent.
En vogue im Parlament.

Der Dreiknopfblazer gelbpastell
mit Halb-Rauten-Halsausschnitt,
16 Jahre der modische Hit,
ist momentan unser Auslaufmodell.
Jacke wie Hose
ohne Metamorphose.

2. Das nächste Modell der Fashion-Schau
vor der Ampel unter den Linden
das Lifestyle-Sakko in Platingrau
für Männer, die sich selbst erfinden.
Porsche oder Ehefrau?

3. Die schwarze Lederjacke spitzensportlich
für die Politfrau im Parlament
zum knallroten Kleid klimafreundlich
und High Heels mit grünem Akzent.
Voll im Trend.

4. Der Harvard-Anzug aerosol-anthrazit
für den Corona-Talk tête-à-tête
zum pandemischen Pulli mit V-Ausschnitt,
für Romanzen noch nicht zu spät.
Wer weiß?
Manche mögen's heiß.

5. Der authentische Black Rock extravagant
für die Glamour–Momente im Merz.
Beim Pharmazeuten-Dinner am Party-Strand
den Mega-Mundschutz aus Nerz.
Kein Scherz.

6. Das Jackett samt Strickjacke mit Reißverschluss
spricht für Dynamik und Souveränität.
Die blau-weiße Maske, parteilich ein Muss,
zeugt von kultureller Identität.
Selbst genäht?

7. Das Klassik-Ensemble von (der) Leinen,
figurbetont, fotogen, feminin,
lässt for ever young erscheinen,
ob in Brüssel oder Berlin.

Kleider machen Leute.
Das war's für heute.
Morgen geht's weiter,
mehr ernst als heiter,
mit den Polit-Debatten,
wie wir sie immer schon hatten.
Auf uns ist Verlass:
Auch wir schaffen das.

Errare animalum est - Irren ist tierisch

„Wann wird alles wieder normal
wie vor der Pandemie?"
stöhnt das Kamel und dreht sich im Kreis.

„Tja, wer weiß….
Findest du deine zwei Höcker normal?"
fragt das Dromedar.

„Total,"
sagt das Kamel recht lapidar.

„Und was ist mit mir? Ich habe nur einen."

„Also wenn du mich schon so fragst,
besser als keinen,
aber normal ist das nicht."

„Was du nicht sagst!
Weil einer nicht deiner Norm entspricht?"
Das Dromedar ist um keine Antwort verlegen.
„Von wegen!
Ich bin genauso normal wie du,
wie der Tiger, der Bär und das Känguru.

„Wie bitte? Das Vieh mit dem Beutel vorm Bauch?"

„Ja, das auch."

„Das ist mir zu divers.
Irgendwie pervers."
sagt das Kamel leicht ungehalten.

Das Dromedar zieht die Stirn in Falten.
„Aber wir wurden doch alle von Gott geschaffen,
ob mit Höcker, Beutel, Federn oder Flossen,
selbst die Menschenaffen
sind unsere Artgenossen.
Die Vielfalt der Natur ist einfach immens,
inklusive Homo Sapiens."

„Ach, der ist auch normal?"

„Na ja, schöpfungsgeschichtlich eher zweite Wahl."

Farbenblind

Sehr geehrtes Publikum,
die Lage ist ernst, doch wir sind gescheiter,
nicken Sie einfach nur stumm,
ich rede gern unerhört weiter.

Es ist niemandes Bestreben,
sein blaues Wunder zu erleben.
Doch die Klimakrise ist heute
und das war sie schon immer
weitaus schlimmer.

Und ich bin mir sicher, bald oder binnen
gewisser Zeit, wenn ich das richtig deute,
werden wir uns darauf besinnen,
denn der Kohleausstieg ist sicher-
lich für mich und uns alle…
In jedem Falle
ist es unbenommen
an der Zeit,
um noch mit einem blauen Auge davon zu kommen,
die Energiewände zu streichen,
und Sie werden lachen,
ohne sich am Ende die Hände schmutzig zu machen.

Wir sind soweit,
die ideenreichen Farb-Vorschläge zu vergleichen.

Sehr gerne,
twittern die Mineralölkonzerne.

Shell-gelb fordert der Finanzminister
und bietet doch glatt
auch dem Porsche-Kanister
Tankrabatt,

damit die betuchten Besitzer
mit ihrem Flitzer
ebenso kostengünstig eine Fahrt ins Blaue machen
wie die einkommensschwachen
auf ihrer Fahrt mit dem Smart.

Ferrari-rot
empfiehlt der Formel-Eins-Pilot
und verdient sich als alter Hase
gern die goldene Nase.

Der Klimaaktivist,
der für naturgrüne Töne ist,
sieht schwarz. Unsere Farbe, schreien die Lobbyisten-
Christen, die gerne das Blaue vom Himmel lügen.
Das dürfte genügen.
Sie liefern den Beweis
längst schwarz auf weiß.

Brauchen wir überhaupt die Energiewände,
wenn wir am Ende
die Wände entsorgen?
fragt die AfD
und lobt sich selbst über den braunen Klee.
Ihre Lösung von morgen
ist und bleibt die Atomenergie,
nachhaltig wie nie.

Jetzt wird es mir aber zu bunt.
Da scheiden sich gewaltig die Geister.
Und genau aus diesem Grund
vertraue ich dem Malermeister.

Schöne neue Welt

Olympiade 2022 in Peking

Schneeflöckchen, Weißröckchen,
die Propaganda-Show beginnt.
Im Hightech-Format
präsentiert der Orwell-Staat
sein Statistenpersonal.
Im weißen Outfit mit Söckchen
singt das Pekinger Kind.
600 an der Zahl
tanzen auf der Leinwand
dank Laser perfekt in 3D.
Die Bachblüte des IOC
hat keinerlei Einwand
gegen den Austragungsort
ohne Wintersport.

Auf dem Laufsteg der Autokraten
zertritt sie das Menschenrecht,
ignoriert Völkermord und Gräueltaten,
und hofiert gar den Folterknecht.

Die Athleten trainieren aseptisch fleißig
und wetteifern auf Kanonenschnee.
Maulkörbe verteilt das Zentralkomitee.

Weht da nicht ein Hauch von Berlin 1936?

Volltreffer

Ein Traum wird wahr,
er heißt Katar.
Hört sich gewaltig nach Krankheit an.
Niemals! Ein Urlaubsparadies für jedermann,
wo Wüste und Wellen sich vereinen
und Strandpromenaden endlos erscheinen,
wo gigantische Architektur die Sinne betört
und High-End-Luxus zum Standard gehört,
wo bayrisch jodelnde Fußball-Seppeln
jährlich ihre Kondition aufpäppeln,
wo Kardamon und Koriander duften,
Identitätslose in der Hitze schuften,
14 Stunden täglich für einen Hungerlohn,
den Pass verloren sie vor der Würde schon.
Dort fürchten sich Einreisende vor dem Sonnenstich.
Rummenigge fürchtet sich nich'.
Wem die Rolex – Stunde schlägt,
der verträgt die Hitze zur Happy Hour.
So auch Beckenbauer.
Er beherrscht wie Rummenigge
korrekt den Emiraten-Knigge.
Katar sei „sklavenfrei und wunderschön",
er habe „keine Menschen in Ketten gesehen",
überhaupt „niemanden mit Büßerkappen".

Was also wollen diese Jammerlappen,
die in ihren wohligen Wohn-Baracken
fette fünf Euro täglich einsacken?
Vielleicht Luxus-Appartements mit Klimaanlage?
Reicht ihnen nicht Wasser und Brot alle Tage?
Na dann sollen sie doch Kuchen essen,
das sei in diesem Land völlig angemessen,
empfiehlt der gut frisierte Fußball-Adel
beim Gala-Dinner im Emiraten-Stadel.

Dort druckt man Toilettenpapier mit WM-Pokal,
zehnlagig und beste Materialauswahl,
einlagig recycled für die No-Name-Nepalesen
zwecks Optimierung der Sportler-Spesen.

Die FIFA twittert auf dem Online-Portal:
Katar war schlichtweg die beste Wahl,
und badet begeistert im Geld
aus der Schönen Neuen Welt,
wo gay is a „damage in the mind".
Kein Problem für die FIFA, wie es scheint.
Gut, es drohen, Prügel und Knast.
Na dann wird eben aufgepasst,
riet schon Ex-FIFA-Chef Blatter.
Humor hatt'er.

Viel Vergnügen bei der Fußballweltmeisterschaft,
bleiben Sie am Ball, es wird fabelhaft!

Es ist soweit

Wenn Wiesen niesen,
Zecken erschrecken,
Wildpflanzen tanzen,
Ringelnattern schnattern,
Dohlen johlen,
Osterglocken frohlocken,
der Krokus Hokuspokus macht,
aus dem Winterschlaf der Lenz erwacht.

Noch ist es kalt,
doch der Schein trügt.
Er begrüßt uns bald.
Trotz Viren flanieren
die Menschen vergnügt.

Es ist so weit
nicht weg das Land,
in das zu dieser Zeit
Soldaten
zum Manöver abgesandt
mit Panzern und Granaten
in den Krieg geraten,
in Erfüllung ihre Pflichten
morden, metzeln und vernichten,
Häuser, Höfe demolieren,
Städte gänzlich ausradieren,
Menschen außer Land vertreiben.

Viele bleiben.
Mit unbändiger Wut,
Mut und Wehrhaftigkeit
bauen sie Barrikaden und Molotow
gegen Panzerdivisionen und Kalaschnikow.

In eisiger Nacht
bringt im Kiewer U-Bahnschacht
eine Mutter ihr Kind zur Welt.
Der Vater fällt.

Mit russischer Waffe aus NVA-Bestand
tötet die ukrainische Krieger-Hand
den russischen Feind.
Die Mutter in Moskau weint.

Wir gedenken der Helden, sagt der Tyrann.
In Sibirien basteln voll Tatendrang
zwei Knaben einen Bumerang.

Wann endet der Wahnsinn. Wann?

Ausmanövriert

Ein Jagdgewehr,
ungefähr vier Kilo schwer,
beklagt sich sehr.
Schriftverkehr,
hin und her.
Es stellt sich quer.

Millionen Vögel und noch mehr
tötet man jährlich zum Verzehr,
rund ums Mittelmeer.
Jetzt nicht mehr.
Jedes Gewehr
leistet Gegenwehr
und verweigert die Patronen,
um Leben zu schonen.

Gelänge es Panzern und Raketen
überall auf dem Planeten
für den Frieden einzutreten,
erledigten die Waffen,
was Menschen nicht schaffen.

Reise ohne Aussicht auf Erfolg

Auf der Straße liegt ein Wort
und niemand will es lesen.
Jetzt trägt der Wind das Wörtchen fort,
als wäre nichts gewesen.

Es fliegt hinüber über's Meer
bis hin zu den Abruzzen.
Wo kommt das Wort denn plötzlich her?
Die Menschen dort, sie stutzen.

Weltfrieden heißt das Zauberwort,
erklären kluge Leute.
Es reist seitdem von Ort zu Ort,
fast unbemerkt bis heute.

Wahnsinnig normal

Es ist normal,
dass Supermärkte aus den Nähten platzen
und Tausende an den Folgen von Fettsucht abkratzen.

Es ist normal,
dass man Adventskalender für Hunde und Katzen anbot
und Millionen Menschen der Hungertod droht.

Es ist normal,
dass man das Tempolimit in Deutschland vergisst,
obwohl Rasen der Hauptgrund für tödliche Unfälle ist.

Es ist normal,
dass man weltweit 1,3 Milliarden Handys pro Jahr verkauft
und die Ärzteschaft sich über Haltungsschäden die Haare rauft.
Kobalt, Kongo, Kinderarbeit
und Smartphone-Werbung zur Weihnachtszeit.

Der Anfang einer eisigen Endlos-Liste.

Normal und triste
ist der Irrsing,
dass der Mensch den Globus in die Knie zwingt
und seit Urzeiten seinesgleichen umbringt.

Der alltägliche Wirsing
macht mich ganz kirre.

Was als normal gilt, ist vollkommen irre.

IV. Päpstlicher als der Papst

Wer glaubt, ein Christ zu sein, weil er die Kirche besucht, irrt sich. Man wird ja auch kein Auto, wenn man in eine Garage geht.

Albert Schweitzer

Das vierte Gebot

Der Knabe hörte oft in Kindertagen
die Eltern liebevoll ihm sagen:
Iss bitte deinen Teller leer.
Gar manches Mal fiel es ihm schwer,
doch wollt' er Vater, Mutter ehren
und ihnen keinen Wunsch verwehren.

Nur Nachbar M. lag ihm am Herzen,
der Knabe liebte es, mit ihm zu scherzen.
Er aß ihn auf mit Haut und Haar,
weil er ein braver Junge war,
der immer tat, was sie befahlen,
ein guter Sohn…von Kannibalen.

Als Jüngling eines Tags er spricht:
Ich esse meinen Nachbarn nicht.
Nein, meinen Nachbarn ess' ich nicht!
schreit er der Mutter ins Gesicht.

Der Pfarrer ernst den Eltern rät:
Ihr Sohn kommt in die Pubertät,
Sie müssen ihn gewähren lassen
und einfach nur Vertrauen fassen.
Wenn er die Kost daheim verschmäht,
betrachten Sie es als Diät.

Der Sohn isst heute streng vegan
und predigt sonntags als Kaplan.

Der wahre Christ fährt Bus*

Gegen einen fortschrittlichen Pfarrer im Rheinland
hatte niemand in der Gemeinde einen Einwand.
In Sachen Menschlichkeit ein Genie
genoss er Zuspruch und Sympathie
und verging sich niemals an Knaben.
Eines Tages lud er zu den christlichen Gaben
bei der Heiligen Kommunion auch Protestanten.
Schon regte sich der Instinkt eines Denunzianten.

Er meldete den Vorfall der Inquisition,
diese verweigerte ihm Amt und Lohn.
Nein, nicht dem Denunzianten,
dem namentlich Genannten.
So brach der brave Katholik
dem vorbildlichen Pastor das Genick.

Die Wupsi** bot dem arbeitslosen
Priester sehr bald Almosen.
Der kutschiert nun mit christlichem Geschick
im Bus auch den braven Katholik.

Die katholische Hostie im protestantischen Mund
gilt als ungebührlich und ungesund.
Offensichtlich sind erheblich gesünder
die Seelenmorde unschuldiger Kinder.
Denn die Täter blieben allesamt
als Gottesdiener im Kirchenamt.

* basiert auf einer wahren Begebenheit
** Wupsi - Nahverkehrsunternehmen Wupper-Sieg

Päpstlicher als der Papst

Der Papst segnet Tiere, Motorräder und Traktoren.
Der Papst ist unfehlbar.
Der Papst segnet keine schwulen Paare.
Der Papst ist unfehl
Der Papst segnet keine lesbischen Paare.
Der Papst ist un
Der Papst segnet nicht alle Geschöpfe Gottes.
Der Papst ist

Mir fehlen die Worte.
Ich kann (mir) keinen Reim drauf machen.

Geständnis eines ehemaligen Sängerknaben*

Wir konnten die höchsten Töne erklimmen
von der Harmonie des Gesanges gepackt,
wir waren Knaben mit Engelsstimmen
und der Teufel schlug uns den Takt.

Seine Schritte waren wie Donnerhall,
uns sprang das Herz aus der Brust,
die Tür schlug zu mit lautem Knall,
wir waren Opfer seiner heimlichen Lust.

Er schritt entlang vor unseren Betten,
seine Beute gierig im Blick,
vor seiner Willkür konnt' kein Knabe sich retten,
nur ich, denn ich war unförmig dick.

Sein Liebling war ein zierliches Kind
mit schmalem, blassen Gesicht,
schüchtern wie Knaben manchmal so sind,
sein Wimmern bremste den Geistlichen nicht.

Er nahm ihn mit, denn er konnte nicht fort,
wie ein Engel ganz ohne Flügel,
gefangen an diesem grausamen Ort.
Erst mit dem Stimmbruch entkam er dem Übel.

Die Erinnerung hat seine Seele zerfressen,
die Jugend im Keime erstickt.
Er konnte das Leid und die Scham nicht vergessen,
ein Wanderer hat ihn erblickt.

Sein lebloser Körper schaukelt im Wind,
der Wanderer steht erstarrt auf dem Pfad.
Eine Mutter verliert ihr einziges Kind,
sie ahnt nicht, warum es das tat.

Ich konnte Jahrzehnte nicht drüber sprechen,
erklärt er mir entschieden gefasst,
es ist an der Zeit, das Schweigen zu brechen.
Auf dem Grab des Freundes ist die Inschrift verblasst.

*Tatsachenbericht eines ehemaligen Chorknaben, der seine Kindheit
im Internat der Regensburger Domspatzen verbrachte*

V. Ver–apple mich mit Neologismen

Sprache ist Ausdruck des Geistes.

Novalis

Superstars

Gewinner von 'Word of Germany',
denn es besiegte haushoch das 'als,'
wird im Komparativ das '**Wie**'.
Pfeffer ist schärfer **wie** Salz.
Nicht nur auf dem Schweinefilet.

Es **wie**derkäut seinen Sieg im Internet
und präsentiert sich auf RTL 3
im **wie**-oletten Leinenjackett
und gründet die Me-First-Partei.
Abkürzt MFP.

'Besser **wie** du' wird Leitmotiv
und rast rasant um die Welt.
Trump twittert einen Bekennerbrief
und macht den Slogan zu Geld.
Das veredelt sein Budget.

Der Slogan verkauft sich millionenfach
auf Kleidung, Buttons, Tattoos,
hält ständig das menschliche Ego wach,
man klopft sich auf die Brust zum Gruß.
Vom Festland bis Übersee.

Es verdorren Liebe und Partnerschaft,
Freundschaft, Familie samt Kind,
das Resultat ist heldenhaft.

Ein Mensch? Nie von gehört!
sagen Ratte, Robbe und Rind
und googeln auf ihrem PC:

*„Homo Sapiens, frisiert
und verhaltensgestört,
hat sich selbst eliminiert.“*

Poesie mit Regie

Ein Limerick ist ein kurzes Gedicht,
fünf Zeilen macht es zur Dichter-Pflicht.
Beim ersten fällt's mir schwer,
drum mach' ich eine mehr.
Verpetzt mich bei Edward Lear* bitte nicht.

Aalglatt

Ein Norm-Aal im oberen Rhein
möchte gern anders sein.
Wahn macht doch Sinn,
wenn ich atypisch bin.
Er aalt sich jetzt j.w.d.
auf dem Feldberg im Pulverschnee.

Schicks-aal

Ein Stinknorm-Aal im Main
möchte nie anders sein.
Nachts kam ein Angelboot.
Jetzt liegt er mausetot
auf dem Gasgrill im Bootsverein.

*Edward Lear (1812-1888) hat als Begründer des Limericks eine
neue Gedichtform geschaffen.
Ein Limerick ist ein kurzes, meist scherzhaftes Gedicht in fünf Zeilen
mit einem festen Reim- und Versschema.*

Lightkultur

Black Friday Shopping-Event,
3-Euro-Shirt aus Bangladesch,
Fashion und Fun für wenig Cent,
trendy, stylisch und cash.

Ist der Lockdown light kalorienarm?
Können Gänse to go auch walken?
Hotspots sind mir klimatisch zu warm.
Und wie kann ich meinen Bodyguard stalken?

Downgeloadet und gebeamt,
gechattet, gelikt und gechillt,
gepostet, geflashed und gestreamt,
geinfluenced, getwitterd, gekilled.

Shitstorm, Shutdown, Shuttlebus,
ich liebe deine Anglizismen.
Oh Darling, gib mir keinen Kuss,
ver-apple mich mit Neologismen.
Lass uns chillen
beim Spa*m*ferkel-Grillen.

Light-Tattoo auf Brust und Stirn,
wir teilen uns ab jetzt ein Hirn.

Lockdown

Ich sitz' in tiefer Waldesruh
auf einer Bank.
Café „Kränzchen" hat zu.
Im Sommer werd' ich *ad hoc braun*,
es ist März und immer noch *Lockdown*.

Gott sei dank Pause.
Ich habe zur Jause
ein paar Kekse von Aldi.
Auf dem Boden ein *Dogdown*,
farblich so *barock braun*,
von Bello oder Waldi.

Es fällt ein leichter *Flock down*.
Ich sitze hier bei jedem Wetter.
Ach es wäre doch viel netter,
im Café zu sitzen und zu tratschen,
statt täglich durch den Wald zu latschen.

Five o'*clock schau'n*
die Sterne auf mich runter
und mitunter
seh' ich, wie der Sirius funkelt,
wenn es dämmert oder dunkelt.

Ich falle daheim im Jackett
hundemüde auf mein Bett,
zieh schnell noch meinen *Rock down*.
Im Traum will ein Dieb meinen *Wok klau'n*.
Ich werde ihn mit dem *Stock hau'n*.

Ich erwache und wieder ist *Lockdown*:
Lockdown LIGHT.

Ja sind die noch gescheit?
Ich quäl' mich mit dem Reim.
Na denen zahl ich's heim!

Patentanmeldung

Zünglein, Zünglein an der Waage,
ich prüfe das Wort, eh ich es sage,
mit dem ultramodernen Sprachkontrolleur,
dem alternativen Wortsouffleur.
Ich habe ihn gendergetreu konstruiert,
Was soll ich sagen: er funktioniert!

Ich setze ihn auf mit Jubelgeschrei
schon morgens früh vor dem Frühstücksei
und rede nie mehr, wie mir der Schnabel wächst.
Ich kaue erst ausgiebig jedes Wort im Text,
und bevor es dann meinen Mund verlässt,
wird es durch meinen Sprach-Genderator gepresst.
So wird aus der Einwohnerin unserer Stadt
die Einwohnende*, die den Einwohnenden zum Manne hat.
Er macht „alle" aus „jeder" und „niemand" aus „keiner",
mein geschlechtsneutraler Sprachverfeiner.
Für ihn ist „Milchmädchenrechnung" passé.
Er zensiert korrekt jedes Rollenklischee.
Seit dem Fauxpas mit der „Not am Manne"
umgehe ich jede weitere Panne.
Und drücke – es klappt - ich schwöre:
Stereotype zurück in die Speiseröhre.
Und kippe so ungefähr
drei Gläser Wasser hinterher.
Bei einer Dame klemmte im Rachenansatz
der antiquierte „Mutter-Kind-Parkplatz".
Ihr konnte der Hausarzt behilflich sein,
Dentisten installieren Genderator*innen auf Krankenschein,
luftdurchlässig und landesweit.
Sie waren schon immer am „Zahn der Zeit".

dieses und alle weiteren Beispiele sind dem „Leitfaden für wertschätzende Kommunikation der Stadt Köln" (2021) entnommen.

Es lebe der Lexit

der lexikalische Exit
aus dem überkommenen Wort-Arsenal,
dem Duden konformen Sprachmaterial!
Und der verbale Muster-Knüller:
„Sehr geehrte/r Neutral* Müller".
Wir haben „Herr" und „Frau" begraben.
Wer wagt noch „Junge" und „Mädchen" zu sagen?

Wer den geschlechtsneutralen Trend verpennt,
gehört zum verstaubten Establishment.
Wer will noch den Muff von tausend Jahren
im semantischen Gedächtnis bewahren?

Bekämpfen wir die viralen Covid-Mutanten,
Delta, Omicron und sonstige Varianten!
Es leben die verbalen Mutationen!
Lasst uns endlich den Duden entthronen!

In diesem und jedem weiteren Sinn
ist „Neutral Müller" ein echter Gewinn!

schriftliche Anrede eines renommierten Unternehmens

Mega

Auf dem Vulkan der privaten Fernsehsender
tanzen allabendlich käufliche Kleiderständer,
preisgeköpfte Models mit Untergrößen,
die auf dem Bildschirm ihren Horizont entblößen.
Sie machen „Mega" zum siegreichen Einwort-Satz,
„Mega-geil" rangiert auf dem zweiten Platz.
Die minimal-verbale Sprachkompetenz
gilt als Zulassungscode zur Peinlich-Prominenz.

Nahezu mega-grandios-famos:
„Adam sucht (sachgerecht hüllenlos)
Eva" beim Paradise-Dating-Event
mit nachahmungswertem Aufreiß-Talent.
Nackt-Haut gehört kompromisslos dazu,
Adam präsentiert sie im Ganz-Körper-Tattoo.
Eva erörtert kurz vor der Promi-Paarung
elementare Fragen der Schambehaarung,
ein Thema, das beim Kakerlaken-Schmaus fehlt.
Im Dschungelcamp wird meist bekleidet krakeelt,
wenn Mega-Stars am Lagerfeuer lungern
und sich die Rest-Gute Laune raus hungern,
beim Genitalien-Dinner unter Würgen und Spucken
Warzenschwein-Hoden herunterschlucken,
Antilopen-Penisse knirschend zerkauen
und preis-pöbelnd ihre Würde abbauen
mit rekordverdächtiger Spitzen-Intrige,
der Empathiefähigkeit einer Eintagsfliege.
Bofrostlippen und Wachsvisagen
kommentieren kläglich die Best-Blamagen.

Für Entspannung sorgt der geriatrische Psychothriller:
„Mein Opa war ein Serienkiller."
Und ich denk' so im Stillen:
Serien würde ich auch gerne killen.

Langweile?

Schlag Löcher
Falt Boote
Schieß Buden
Roll Bretter
Bau Märkte
Kehr Bleche
Bade Meister
Heiz Körper

Back Pulver
Brat Äpfel
Koch Mützen
Pürier Stäbe
Speise Karten
Trink Sprüche
Wackel Peter
Kau Gummi

Schluck Spechte
Schmeiß Fliegen
Wasch Bären
Lock Vögel
Raub Tiere

Warn Lampen
Blitz Lichter
Klatsch Tanten
Knall Tüten
Renn Strecken

Fang Fragen
Schlag Wörter
Spreng Sätze
Kreuz Reime

Schon Zeit

Hand auf's Herz

Mit dem Kopf im Sand,
dem Rücken an der Wand,
mit dem Mund an der Flasche,
mit der Faust in der Tasche,
mit den Händen im Schoß,
im Hals einen Kloß,
mit der Nase weit vorn,
im Auge ein Dorn,
mit hängender Zunge,
pfeifender Lunge,
mit nichts auf den Rippen,
bösen Worten auf den Lippen,
mit dem Hals in der Schlinge
ist man selten guter Dinge.

Mit den Beinen in der Hand,
dem Kopf durch die Wand,
ins Fäustchen gelacht
gewinnt man locker jede Schlacht.
Und mit Feuer unterm Hintern
kann man sorglos überwintern.

Nachwort

Immer auf Zack

Niemand ist perfekt,
auch mir fehlen Zacken.
Ich halte von meinen Macken
die krassesten versteckt.

Welche? Wollt wissen.
Da schweigt frau beflissen.

Zuversicht

Zebrastreifen zählen

Ukraine umarmen

Ver*merz*ung vermeiden

Erzbistümer ent*woelki*sieren

Räuchermännchen reanimieren

Sächsisch synchronisieren

Italien instandsetzen

Corona canceln

Humor heiligsprechen

Trump trockenlegen

Zu meiner Person

Im letzten Jahrtausend kam ich zur Welt,
als sächsisch-rheinische Gör.
Der Lehrberuf fesselt, fordert, gefällt,
auch mit Meuterei und Malheur.

Und im Ruhestand
gibt's noch so allerhand
Kostbares zu erfahren.
Im täglichen Wirrwar
unbeirrbar
Humor und Verstand bewahren.